9788510077965

MARKETING ESCOLAR de Bolso

Um guia prático para desenvolver um plano de marketing eficiente para a escola da Educação Básica

Helena Poças Leitão

1ª Edição | 2019

© **Editora do Brasil S.A., 2019**
Todos os direitos reservados
Texto © Helena Poças Leitão

Presidente: Aurea Regina Costa
Diretor Geral: Vicente Tortamano Avanso
Diretor Comercial: Bernardo Musumeci
Diretor Editorial: Felipe Poletti
Gerente de Marketing e Inteligência de Mercado: Helena Poças Leitão
Gerente de PCP e Logística: Nemezio Genova Filho
Supervisor de CPE: Roseli Said
Coordenador de Marketing: Léo Harrison
Analista de Marketing: Rodrigo Grola

Realização
Direção Editorial: Helena Poças Leitão
Texto: Helena Poças Leitão
Revisão: Rhamyra Toledo
Direção de Arte: Rodrigo Grola
Projeto Gráfico e Diagramação: Rodrigo Grola
Coordenação e Supervisão de revisão: Leo Harrison
Produção: Léo Harrison

Central de Atendimento
email: atendimento@editoradobrasil.com.br
Telefone: 0300 770 1055

Redes Sociais
facebook.com/EditoraDoBrasil
youtube.com/EditoraDoBrasil
instagram.com/editoradobrasil_oficial
twitter.com/editoradobrasil

www.editoradobrasil.com.br

Impressão: AR Fernandes Gráfica
Tiragem: 10.000

© Editora do Brasil S.A., 2018
Rua Conselheiro Nébias, 887
São Paulo, SP — CEP: 01203 -001

MARKETING ESCOLAR de Bolso

Um guia prático para desenvolver um plano de marketing eficiente para a escola da Educação Básica

Helena Poças Leitão

Apresentação

Meu primeiro contato com o Marketing foi em uma editora voltada para as áreas de Educação e Autoconhecimento, há dezoito anos. Havia acabado de me formar em Jornalismo. A empresa, à época, não tinha departamento de Marketing e viu em mim potencial para formar essa área, juntamente a uma consultora contratada.

Diante dessa oportunidade, resolvi mergulhar nos estudos sobre comunicação e marketing. Apesar dos vários conhecimentos que obtive, muitas das teorias que aprendi eram impossíveis de serem aplicadas na minha rotina de trabalho.

Esse foi meu primeiro desafio na área. Trabalhei muito, estudei muito e acabei adaptando o que aprendi à realidade da empresa em que trabalhava. Como eu era a única funcionária efetiva do departamento, não podia fazer tudo que Philip Kotler, o "pai do Marketing", achava fundamental para que a empresa alcançasse seu melhor desempenho.

Naquela época, a área era focada no marketing tático e operacional. Então, basicamente desenvolvíamos catálogos, *e-mails* marketing e ações promocionais, assim como organizávamos eventos. O que faltava era o marketing estratégico, aquele em que vendas e operação se envolvem, aquele que deveria estar inserido nos planos de negócio da empresa.

Nos dias de hoje, enxergo muito deste cenário nas escolas particulares quando o assunto é desenvolver ações de marketing em que o foco ainda se encerra muito no "fazer" e pouco no "planejar".

As escolas, por trabalharem com algo tão nobre, muitas vezes acabam se esquecendo que também são empresas e que, tal como qualquer outra empresa, precisam lucrar. E isso não é pecado; pelo contrário, quanto mais as escolas crescerem, mais elas poderão melhorar e transformar a vida de muitos alunos.

Quero mostrar com este livro que a área de Marketing é essencial e estratégica e que há muitas ações com baixo custo que são extremamente eficientes para o crescimento das escolas.

Este livro é apenas um guia; quem vai escolher o melhor caminho é você.

Boa leitura!

Helena Poças Leitão

Atua na área de Marketing, no mercado editorial de Educação, há mais de dezoito anos; gerente de Marketing e Inteligência de Mercado da Editora do Brasil; graduada em Jornalismo pela Faculdade Anhembi Morumbi (SP); pós-graduada em Gestão de Negócios, com ênfase em Marketing, pela ESPM (SP); foi gestora de Marketing nas editoras Ática, Scipione, Saraiva, Leya e IBEP.

Sumário

Marketing Estratégico 11

1. Como anda sua escola? 13

2. Posicionamento da marca 19

3. Identificando seus concorrentes 25

4. Conhecendo seus clientes (pais/responsáveis) 29

5. Conhecendo seus consumidores (alunos) 31

6. Planejamento estratégico de marketing 33

    6.1. Matriz SWOT 33

    6.2. Análise da matriz SWOT 39

    6.3. Traçando as metas 42

Marketing Tático 43

1. Marketing digital 45

    1.1. *Site* 46

    1.2. Redes sociais 49

    1.3. Marketing de conteúdo 52

    1.4. Selecionando as imagens para os *posts* 54

    1.5. Respondendo a seus clientes 56

1.6. Compartilhamento de conteúdos 57

1.7. Vídeos institucionais 57

1.8. *Tour* virtual 360º 60

2. Materiais impressos 63

3. Assessoria de imprensa 65

3.1. Um bom *press release* é fundamental! 66

3.2. *Mailing* e relacionamento 67

3.3. *Clipping* 68

3.4. *Video release* 69

4. Marketing de experiência 71

4.1. Sensorial 72

4.2. Emocional 72

4.3. Cognitivo 73

4.4. Comportamental 73

4.5. Identificação 74

5. Marketing onicanal 75

6. *Storytelling* 79

7. Marketing de relacionamento 83

Marketing Operacional 85

1. Orçamento 87

2. Cronograma 91

Vamos com tudo! 93
Bibliografia..95
Saiba mais...97

Marketing Estratégico

1. Como anda sua escola?

Quando se fala em Marketing Educacional voltado para as instituições de ensino, a primeira coisa que vem à cabeça são ações para a captação de alunos.

O mercado está cheio de consultorias e agências exclusivamente voltadas para a captação de alunos. Esse tema, obviamente, é um dos mais importantes pois está ligado diretamente ao faturamento da instituição de ensino.

Agora, antes de sua instituição buscar novos alunos, é importante avaliar:

- Como estão os serviços de sua escola perante os concorrentes;
- Como estão os seus preços em relação aos concorrentes
- Como está a infraestrutura da sua escola;
- Qual a imagem de sua escola perante a comunidade;
- Quais são os diferenciais da sua instituição;
- Como está a satisfação de seus alunos;
- Como está a satisfação dos pais/responsáveis de seus alunos.

Essas são algumas perguntas fundamentais para entender o posicionamento de sua instituição e os pontos a serem melhorados para, então, construir um bom plano de marketing.

Marketing não é somente imprimir folhetos e divulgar serviços nas redes sociais. Essas ações são importantes, mas elas serão consequências de seu plano. O Marketing envolve toda a cadeia do negócio, desde o estabelecimento, dos preços das matrículas até a escolha dos profissionais que trabalharão em sua escola.

Além de a escola ter um papel fundamental na sociedade e uma missão importantíssima na formação de bons cidadãos, não podemos nos esquecer de que a escola também é um negócio e, tal como qualquer outro negócio, ela tem de dar lucro e se reinventar caso queira manter-se no mercado.

Os alunos não são mais os mesmos de dez ou vinte anos atrás, mas muitas escolas continuam atuando da mesma maneira que atuavam durante esse período. Por que não conseguem trazer novas soluções para seu negócio? Por que não conseguem acompanhar essa nova geração de alunos?

A implementação da BNCC (Base Nacional Comum Curricular) resgatou métodos de ensino adormecidos, como as metodologias ativas, que não são uma novidade, mas que hoje estão em alta pois colocam o aluno como protagonista em sala de aula. Este é um dos alicerces da nova Base.

A satisfação dos alunos é primordial, mas os reais clientes são os pais ou responsáveis pelos estudantes. Muitas vezes (ou na maioria das vezes), os pais/responsáveis são a "pedra no sapato" da escola, ou porque não estão interessados sobre o que acontece com seus filhos, ou porque estão interessados demais e querem mandar na escola ou porque simplesmente precisam reclamar. Não é possível agradar a todos, e a escola precisa manter as rédeas de seu negócio. Nem todos os clientes são bem-vindos: a verdade é essa. Em certos casos, os clientes levam a tantos transtornos que é preferível não tê-los por perto de sua instituição. Isso porque a ação de marketing mais eficiente hoje em dia é o "boca a boca", é o que os clientes estão falando de você.

Acabou aquele negócio de você fazer apenas uma propaganda no jornal, na TV, na internet falando sobre seu negócio. As pessoas vão buscar referências, procurar comentários na página de sua instituição no Facebook para saber o que os outros estão comentando. E quando você tem aquele cliente "caroço", o melhor é se livrar dele.

Sabe aquelas perguntas do início do capítulo?

É hora de colocar a mão na massa!

Responda-as no quadro a seguir. Tente ser o mais honesto possível, mesmo que muitas das coisas que você sabe que precisam ser aprimoradas não sejam possíveis de serem adaptadas em curto prazo. Contudo, é preciso que você consiga enxergar o posicionamento real do seu negócio e planejar os próximos passos.

Este é somente um exercício de reflexão acerca de sua percepção sobre sua escola.

Perguntas	Respostas
Como estão os serviços de sua escola perante os concorrentes?	( ) Ótimos ( ) Bons ( ) Ruins ( ) Não tenho conhecimento
O que seus concorrentes têm que você considera relevante mas que sua escola não possui?	
Como estão os preços em relação aos concorrentes?	( ) Muito mais altos (+___%) ( ) Iguais aos dos concorrentes ( ) Muito mais baixos (-___%) ( ) Não tenho conhecimento
Como está a infraestrutura da sua escola?	( ) Ótima ( ) Boa ( ) Ruim
Como está a imagem da sua escola perante a comunidade? (o que falam de vocês pelas redes sociais, ou o que os pais ou responsáveis dizem sobre a escola, ou, ainda, o que os alunos comentam)	( ) Ótima ( ) Boa ( ) Ruim ( ) Não tenho conhecimento

Perguntas	Respostas
Destaque três diferenciais da sua instituição. **Atenção:** diferenciais são coisas que o seu concorrente não tem, mas sua instituição oferece. Pode ser um serviço ou pode ser, por exemplo, a filosofia de sua escola ou o tratamento dado aos alunos pelos funcionários etc.	
Como está a satisfação de seus alunos?	( ) Ótima ( ) Boa ( ) Ruim ( ) Não tenho conhecimento
Como está a satisfação dos responsáveis por/pais de seus alunos?	( ) Ótima ( ) Boa ( ) Ruim ( ) Não tenho conhecimento

2. Posicionamento da marca

A marca é o que as pessoas falam sobre seu negócio. O posicionamento da marca é como você deseja mostrar seu negócio para as pessoas.

A marca é um dos bens mais valiosos de uma empresa. Conquistar uma marca que leve credibilidade ao público não é uma tarefa fácil e não acontece do dia para a noite. Obviamente o sucesso de uma marca está relacionado à qualidade dos serviços prestados pela empresa que representa.

Portanto, não adianta apenas ser uma escola com uma estrutura maravilhosa, em um local estratégico e com um corpo docente experiente se, no final, pais e responsáveis não estiverem satisfeitos com os seus serviços.

O trabalho com a marca deve ser uma das principais preocupações de um gestor ou do mantenedor de uma escola. Pais e responsáveis investigam a reputação das instituições antes de matricularem seus filhos.

Não importa o tamanho ou o perfil de sua escola; as pessoas precisam falar bem de sua empresa. Para isso, é preciso focar no seu cliente, entender suas necessidades e avaliar se sua escola consegue ou deseja atendê-las.

O posicionamento de uma marca é importante para criar um vínculo emocional com seu cliente, tornando-o defensor e divulgador de sua empresa, além de fortalecer a imagem de sua instituição no mercado em que atua.

Para descobrir o posicionamento de marca de sua escola, responda a algumas perguntas:

- Por que essa escola foi fundada? Qual foi sua inspiração?
- Qual é a missão da escola? (tente explorar essa resposta, incluindo a filosofia e as crenças da instituição)
- Há algo único ou importante sobre a visão dos fundadores da escola?
- Se sua escola fosse uma pessoa, que tipo de pessoa ela seria? (tente descrever com detalhes esse tipo de pessoa: idade, gostos, aparência.)
- Quando você pensa na sua escola, que imagens vêm à cabeça?
- Descreva o diferencial de sua escola em uma frase.
- Descreva em detalhes a sua visão sobre a escola daqui a 5 anos.
- E seus clientes e consumidores? Eles se identificam com sua marca?

É preciso entender, antes de tudo, o seu público-alvo. Qual é o perfil dos seus clientes (pais/responsáveis) e consumidores (alunos)? Eles buscam preços? Estão preocupados com os valores morais da escola? Querem uma instituição focada no vestibular? Enfim, de modo geral, por que pais/responsáveis e alunos procuram sua escola?

É necessário também compreender os anseios do fundador, gestor ou mantenedor da instituição: é esse o perfil de clientes e consumidores que a escola deseja atender? Se não for, qual seria o perfil ideal? Como quero que minha escola seja percebida pelos clientes e consumidores?

Depois de toda essa reflexão, é hora de colocar a mão na massa. Complete as frases a seguir e encontre o posicionamento de marca de sua escola.

A minha escola é:

O quê: a única escola que _____
(destaque o diferencial de sua escola; tem de ser algo que nenhuma outra escola concorrente tenha. Exemplo: "Minha escola é a única que tem uma filosofia de educar os alunos para prepará-los de verdade para o mundo.")

Como: _____
(coloque o que sua escola faz de especial. Exemplo: "Forma cidadãos por meio de uma proposta pedagógica concreta.")

Quem: _____
(para quem você oferece o seu serviço? Você pode descrever dois públicos: os pais/responsáveis e os alunos. Exemplo: "Para pais e responsáveis preocupados em formar cidadãos e alunos preocupados em fazer a diferença.")

Onde: _____
(onde sua escola atua. Exemplo: "Residentes na Zona Sul da cidade de São Paulo.")

Por quê: _____
(diga qual é o interesse do público em usar os seus serviços. Exemplo: "Acreditam que a Educação pode mudar o mundo.")

Quando: _____

(em qual contexto tudo isso acontece? Exemplo: "Em uma era em que as pessoas estão mais preocupadas com elas mesmas do que com o planeta em que vivem.")

Agora, junte todas as respostas em uma única sentença e veja se faz sentido.

Exemplo: *"Minha escola é a única que tem uma filosofia de educar os alunos para prepará-los de verdade para o mundo, que forma cidadãos por meio de uma proposta pedagógica concreta, voltada para pais e responsáveis preocupados em formar cidadãos e alunos preocupados em fazer a diferença, que residem na Zona Sul da cidade de São Paulo e que acreditam que a Educação pode mudar o mundo em uma era em que as pessoas estão mais preocupadas com elas mesmas do que com o planeta em que vivem."*

Você pode fazer ajustes, reduzir a sentença, caso achar necessário. O importante é você olhar para aquela frase e pensar: "sem dúvida, esse posicionamento representa o que desejo para a marca da minha escola".

Pronto! Você encontrou o posicionamento de marca da sua escola. Agora, divulgue-o para seus funcionários e clientes. Se achar interessante, coloque essa frase em um quadro na recepção da escola, na sala dos professores, no *site* da instituição, em todo lugar. Os funcionários precisam ter atitudes de acordo com o posicionamento de sua escola, e os clientes que irão buscar seus serviços deverão estar conscientes do propósito de sua instituição.

Desse modo, a escola acaba tornando-se muito mais do que uma instituição de ensino: ela será encarada como uma comunidade forte unida por um objetivo em comum.

3. Identificando seus concorrentes

As escolas concorrentes serão aquelas que usam as mesmas ferramentas que a sua instituição para suprir as necessidades dos clientes. Então todas as escolas da minha cidade serão minhas concorrentes? Não. Para identificar seus reais concorrentes é preciso avaliar diversas características.

Por exemplo, quando os pais/responsáveis vão pesquisar uma escola para seus filhos, uma das principais perguntas que vêm à mente deles é: qual escola é mais perto da minha casa ou do meu trabalho? A distância é um dos fatores decisivos para a escolha da instituição, principalmente em grandes capitais, em que o trânsito define a rotina das pessoas.

Portanto, uma escola que está a 10 km de distância da sua instituição, mesmo que ofereça os mesmos serviços, nem sempre será seu concorrente direto.

Outros pontos importantes das escolas concorrentes que devem ser mapeados são: infraestrutura, preços de mensalidade, suas forças e fraquezas, quantidade de alunos, atividades extracurriculares e ações de marketing, entre outras informações que sejam consideradas relevantes para o seu negócio.

É importante que você faça essa análise por níveis de ensino, pois principalmente os preços, as atividades extracurriculares e a infraestrutura poderão variar de nível para nível.

Segue uma tabela que poderá lhe ajudar na organização das informações coletadas. Os dados são de uma instituição puramente fictícia nomeada como "Escola X", somente para exemplificar o preenchimento da tabela.

Inclua outras informações que achar necessárias. Quanto mais dados tiver acerca da concorrência, mais completa será sua análise.

Identificando seus concorrentes

Concorrente	Nível de ensino	Mensalidade	Número de alunos	Distância da minha escola	Infraestrutura	Atividades extracurriculares	Ações de marketing	Forças	Fraquezas
Escola X	Educação Infantil	R$ 1.200,00	100	500 m	Ateliê de Artes; Salas de música e expressão corporal	Música, Balé	Site, Página no Facebook, Anúncio em uma revista do bairro.	Escola tradicional do bairro; Valores de mensalidade mais baixos da região.	Professores insatisfeitos; Falta manutenção na infraestrutura.
	Ensino Fundamental I	R$ 1.500,00	200		Laboratório de Ciências; Pátio coberto e quadras poliesportivas cobertas; Refeitório *self-service*	Capoeira, Ginástica acrobática, Judô, Violão, Teatro			

27

4. Conhecendo seus clientes (pais/responsáveis)

Você já fez uma pesquisa em sua própria escola com os responsáveis por/pais de seus alunos? Quais são os principais motivos que os fizeram escolher sua instituição?

A pesquisa é uma ação de marketing bem simples e eficaz, de baixo custo, que lhe ajudará a identificar seus concorrentes, além de fazê-lo entender melhor as necessidades de seus próprios clientes.

Abaixo, algumas perguntas são elencadas para ajudá-lo a montar uma pesquisa voltada para os responsáveis por/pais dos alunos de sua instituição:

- Por que você escolheu nossa escola?
- Ao visitar nossa escola, o que mais lhe chamou a atenção?
- Quais outras escolas você visitou antes de nos escolher?
- Qual é sua percepção sobre os nossos preços?
- O que você acha de nossa infraestrutura? O que podemos melhorar?
- Que palavras vêm à sua cabeça quando pensa em nossa escola?
- O que seu(s) filho(s) comenta(m) sobre a escola?
- O que acha de nosso quadro de professores?
- Nossa comunicação está sendo eficaz? Como podemos melhorar?
- O que acham de nossas atividades pedagógicas?

Há vários meios de realizar essa pesquisa: de modo *online*, encaminhando um questionário físico para os pais/responsáveis, ou até mesmo de maneira presencial, em uma reunião de pais/responsáveis, por exemplo.

Minha sugestão é desenvolver uma pesquisa *online*, evitando que o cliente seja influenciado por outras pessoas.

Para que você consiga coletar e organizar as respostas de modo mais rápido e eficaz, sugiro também a utilização de uma ferramenta *online*. Com ela, você monta os questionários e encaminha o *link* por *e-mail* ou WhatsApp para os pais/responsáveis, por exemplo.

Seguem abaixo duas sugestões de ferramentas de pesquisa que você pode ou testar gratuitamente, com uma limitação de perguntas e funcionalidades, ou, então, contratar o serviço completo diretamente pelos *sites*:

- Survey Monkey: https://pt.surveymonkey.com
- Survio: https://www.survio.com/br/

Depois de coletadas as respostas de sua pesquisa, você já terá informações preciosas para entender o nível de satisfação de seus clientes e quais melhorias devem ser realizadas na escola em curto ou longo prazo. Esses dados serão essenciais para a elaboração de ações de fidelização e captação de alunos.

5. Conhecendo seus consumidores (alunos)

Tão importante quanto conhecer os seus clientes (pais/responsáveis) é entender as necessidades dos consumidores (alunos).

Atender a nova geração de alunos não é tarefa fácil. Eles nasceram na era digital, são participativos, críticos e imediatistas, absorvem as informações muito mais rápido e conseguem fazer várias coisas ao mesmo tempo.

A dinâmica da sala de aula para esses alunos não pode ser a mesma que era proposta há 10 anos. Diante deste cenário, será que seus alunos estão satisfeitos com os serviços de sua escola? Por que é tão importante saber a opinião deles? Bem, porque eles podem convencer seus pais/responsáveis a permanecer ou a sair de sua escola. Apesar de os estudantes da Educação Básica não terem o poder de decisão para escolher que escola frequentarão, os pais/responsáveis podem ser muito influenciados por eles. Além disso, a nova geração de alunos é totalmente digital e pode divulgar tanto positivamente como negativamente a marca de sua escola pela internet.

Portanto, uma pesquisa com os alunos é essencial para que a escola acompanhe as necessidades de seus consumidores e mantenha-se munida de informações para melhorar seus serviços e desenvolver estratégias de fidelização e captação de alunos.

Você poderá fazê-la de modo *online* ou impresso, entregando uma ficha aos alunos. Reforço que uma pesquisa *online* é sempre mais prática e rápida para coletar respostas. Fazendo a pesquisa de modo impresso, você precisará disponibilizar um funcionário para tabular todas as respostas e isso levará bem mais tempo que pela ferramenta *online*.

Seguem abaixo algumas perguntas para lhe apoiar na elaboração de sua pesquisa. Obviamente, dependendo do nível de ensino, você deverá adaptar a linguagem e os tipos de perguntas.

- Você gosta de estudar em nossa escola?
- O que você mais gosta em nossa escola?
- O que você menos gosta em nossa escola?
- Qual é sua opinião sobre os professores?
- O que você acha das aulas?
- Qual é a sua opinião sobre a nossa infraestrutura (quadra, refeitório, salas de aula, banheiros)?
- Qual(is) das atividades extracurriculares oferecidas por nossa escola você faz?
  ( ) Nenhuma ( ) Balé ( ) Judô ( ) Capoeira
- Dê sua opinião sobre a(s) atividade(s) que realiza.
- Gostaria de realizar cursos ou atividades que a escola não oferece? Quais?
- Qual é o seu maior sonho?
- O que você mais gosta de fazer quando não está na escola?
- Quais melhorias você sugeriria para a escola?

6. Planejamento estratégico de marketing

Há diversos especialistas e autores na área de Marketing que ensinam algumas maneiras para se desenvolver um plano de marketing.

Neste livro, mostro um modelo simples e prático que desenvolvi durante minha trajetória profissional de acordo com conceitos trazidos por Philip Kotler e Kevin Lane Keller no livro "Administração de Marketing".

O plano estratégico de marketing deve ser construído anualmente pelos gestores da escola em conjunto com o seu Departamento de Marketing, caso a instituição conte com essa área. O melhor caminho para se construir o plano de marketing é envolver, em algumas etapas, os colaboradores de alguns outros departamentos da escola. Além de passar uma mensagem da importância do trabalho em equipe, isso aumenta o comprometimento dos funcionários pelos objetivos e pelas metas da escola.

Seguem abaixo as seis etapas do desenvolvimento do planejamento de marketing.

6.1. Matriz SWOT

A matriz SWOT é uma ferramenta importante de gestão que ajuda na identificação dos pontos-chave de uma empresa, auxiliando os gestores em suas tomadas de decisão.

Ela é fundamental para a elaboração do plano estratégico de uma empresa.

SWOT é uma abreviação das palavras em inglês *strengths*, *weaknesses*, *opportunities* e *threats*, que significam "forças", "fraquezas", "oportunidades" e "ameaças", respectivamente.

Essa é a etapa mais importante do planejamento estratégico de marketing. Essa análise é a fotografia de como está o mercado educacional e o posicionamento de sua escola neste cenário.

Primeiramente, vamos construir uma matriz com as forças e fraquezas da empresa e depois avaliar as oportunidades e ameaças, relacionadas ao ambiente externo. Para que você consiga completar a matriz de maneira eficiente, segue uma breve explicação de cada um dos quadrantes da matriz.

Forças: fatores internos que são considerados vantagens sobre a concorrência.

Avalie quais são os pontos fortes de seu negócio, quais são os diferenciais de sua escola. É importante refletir bem sobre quais são realmente os pontos fortes, aqueles que fazem sua escola se destacar, como características que a maioria dos seus concorrentes não tem ou não fazem muito bem.

Fraquezas: fatores internos que se tornam desvantagens para a empresa.

Revise tudo que sua escola não está fazendo direito. Podem ser processos internos, comunicação entre os funcionários ou falta de controle dos gastos. Enfim, é importante ter muita honestidade e coração aberto para destacar todos os pontos fracos da empresa. Enxergar a realidade facilita a busca por soluções eficientes.

Oportunidades: fatores externos que ajudam a empresa devido a um cenário promissor.
Podem ser tendências de mercado, mudanças no governo, alguma escola concorrente encerrando suas atividades, lançamentos de novos serviços ou novas tecnologias. Enfim, tratam-se de oportunidades que encontramos no ambiente externo e que podem trazer mais crescimento para seu negócio.

Ameaças: fatores externos que trazem desvantagens para a empresa em um cenário negativo ou de crise.
Podem ser mudanças na legislação, abertura de novas escolas em sua região, instabilidade econômica ou crise no governo. Enfim, tudo que possa atrapalhar o andamento ou o crescimento de sua escola.

Para construirmos a matriz SWOT, sugiro a realização de uma dinâmica com alguns colaboradores da escola. É fundamental a participação de mantenedores, gestores/líderes, profissionais dos Departamentos de Marketing e TI, professores (dependendo da quantidade de professores, selecione os mais ativos e influentes na escola) e alguns funcionários-chave da parte administrativa. Desse modo, a escola, além de conseguir opiniões e ideias vindas de diversas cabeças, faz esses participantes se sentirem realmente parte da empresa, o que ajudará a escola mais adiante, no momento de colocar em prática as ações estratégicas definidas.

Para que a dinâmica seja eficiente, o ideal é convidar até 20 pessoas para participar da dinâmica.

Divida os participantes em 4 grupos, tentando misturar cargos e departamentos para que a troca de ideias entre os participantes seja mais rica.

Próximo a cada grupo, cole na parede uma cartolina com o quadro abaixo:

Forças (ambiente interno)	Oportunidades (ambiente externo)
Fraquezas (ambiente interno)	Ameaças (ambiente externo)

Explique para todos o significado da matriz SWOT e sua importância para o desenvolvimento do plano estratégico de marketing.

Entregue *post-its* de quatro cores diferentes para cada grupo. Cada cor representará um quadrante da matriz. Pré-determine as cores a serem utilizadas para cada um dos quatro temas. Exemplo: os *post-its* rosas serão destinados às forças, e os laranjas, às fraquezas.

Os participantes escreverão nos *post-its* suas visões sobre as forças e fraquezas referentes à instituição, oportunidades e ameaças concernentes ao ambiente externo, que afetam direta ou indiretamente o negócio, e colá-los na cartolina.

Deixe 20 minutos para o grupo discutir cada quadrante da matriz SWOT. Ao final da dinâmica, cada grupo apresentará suas ideias e os outros grupos poderão interagir.

Como a maioria das pessoas nunca participou desse tipo de dinâmica, algumas ideias podem não se encaixar com aquilo que foi solicitado. Não há problemas; ouça o que os participantes têm a dizer, e esteja aberto para ouvir e entender os pontos de vista de cada um.

Posteriormente, você inclui ou exclui dados da matriz mantendo apenas as informações que realmente considerar pertinentes. Tente não colocar muitos itens em cada quadrante para que a análise seja mais eficiente e potencialize o desenvolvimento de ações mais relevantes para o negócio em curto e médio prazo. Não colocamos ações em longo prazo pois a ideia é a escola revisitar a matriz SWOT anualmente para desenvolver um novo plano estratégico. Elenque as informações por ordem de importância, do mais para o menos importante.

Para exemplificar o que foi apresentado, segue uma tabela na qual foi montada uma matriz SWOT de uma escola fictícia para exemplificar.

Forças	Oportunidades
(ambiente interno)	(ambiente externo)
Tradição	Empreendedorismo como componente curricular
Espaço *maker*	Crescimento do movimento *maker*
Única escola na região que oferece ensino da Educação Infantil ao Ensino Médio	BNCC – Base Nacional Comum Curricular
Utiliza livros didáticos de acordo com a BNCC	Cursos EAD
Fraquezas	**Ameaças**
(ambiente interno)	(ambiente externo)
Valor da mensalidade mais alta da região	Cenário econômico do país
Perda de 20% do alunado	BNCC – Base Nacional Comum Curricular
Escola não oferece cursos extracurriculares de inglês	Ensino bilíngue
Corpo docente resistente a mudanças	Aumento de escolas menores voltadas para Educação Infantil

Como pode perceber no quadro, uma oportunidade também pode ser uma ameaça. No exemplo, coloquei a BNCC, uma lei nova que ditará mudanças na educação e que pode tanto ser uma grande oportunidade para a escola potencializar seu negócio como uma ameaça se a instituição não conseguir acompanhar as novas necessidades educacionais.

A análise entre forças e oportunidades e fraquezas e ameaças tem como objetivo maximizar os pontos fortes e minimizar os pontos fracos da empresa.

6.2. Análise da matriz SWOT

Agora, precisamos cruzar as informações da matriz SWOT e, a partir daí, desenvolver um plano de ações estratégicas. Você deve fazer o cruzamento da seguinte maneira:

Forças x oportunidades
Estratégias que identificam oportunidades correspondentes aos pontos fortes da empresa. Estas são as melhores estratégias a serem empregadas.

Forças x ameaças
Estratégias que buscam usar os pontos fortes identificados para reduzir a vulnerabilidade da instituição frente às ameaças externas.

Fraquezas x oportunidades
Estratégias que visam superar as fraquezas organizacionais para buscar oportunidades.

Fraquezas x ameaças
Estratégias que estabelecem um verdadeiro plano de defesa organizacional para evitar que as fraquezas da empresa terminem por torná-la mais suscetível às ameaças identificadas.

A partir de cada cruzamento de informações, é possível enxergar oportunidades no mercado que se podem aproveitar imediatamente, de acordo com a intensidade das forças, ou arrumar fraquezas antes que as ameaças atinjam o negócio.

Insira todas as ideias de ações que poderiam ser aproveitadas a partir do cruzamento da matriz SWOT e elenque as ações reais e possíveis considerando o período de planejamento.

A tabela na página ao lado contém exemplos de ações estratégicas desenvolvidas a partir do cruzamento dos quadrantes da matriz SWOT de nossa escola fictícia.

As ações deverão ser estratégicas. Nesta etapa, não se deve colocar ações de marketing tático como investimentos em redes sociais ou anúncios. Isso deve ser representado por algo mais macro e estratégico, como "Fortalecer a marca da escola"; o investimento em mídia digital e anúncios pode ser uma das ações que busca o fortalecimento da marca.

As ações devem acompanhar o posicionamento de marca da escola. Por exemplo, uma escola que está há 40 anos no mercado, com as mensalidades mais altas da região, tem seu posicionamento na marca, e não no preço.

A escola até pode desenvolver campanhas relacionadas a preço para fidelizar seus clientes, mas este não deve ser seu objetivo central; logo, a meta real seria como ela pode agregar mais valor aos seus serviços.

Muitas das ações que surgirão serão estruturais ou referentes à criação de novos produtos e serviços (que não necessariamente serão vinculados às ações de marketing), mas devem fazer parte do plano estratégico de marketing pois contribuirão para o desenvolvimento e os resultados das metas traçadas.

Planejamento estratégico de marketing

	Forças		Oportunidades		Ameaças
1	Tradição	1	Empreendedorismo como componente curricular	1	Cenário econômico do país
2	Espaço maker	2	Crescimento do movimento maker	2	BNCC - Base Nacional Comum Curricular
3	Única escola na região que oferece ensino da Educação Infantil ao Ensino Médio	3	BNCC - Base Nacional Comum Curricular	3	Ensino bilíngue
4	Utiliza livros didáticos de acordo com a BNCC	4	Cursos EAD	4	Aumento de escolas menores da Educação Infantil
	Forças		**Forças x Oportunidades**		**Forças x Ameaças**
1	Tradição	1	Ampliar a divulgação do Espaço Maker para os pais e *prospects*	1	Montar uma campanha para esclarecer os principais pontos da BNCC para pais/responsáveis, alunos e professores
2	Espaço maker	2	Incluir Empreendedorismo na grade curricular	2	Fortalecer a marca da escola
3	Única escola na região que oferece ensino da Educação Infantil ao Ensino Médio	3	Buscar plataformas de EAD para reforço escolar no Ensino Fundamental II e Médio	3	Desenvolver uma campanha de matrícula especial para a Educação Infantil
4	Utiliza livros didáticos de acordo com a BNCC				
	Fraquezas		**Fraquezas x Oportunidades**		**Fraquezas x Ameaças**
1	Valor da mensalidade mais alta da região	1	Investir na formação dos professores	1	Buscar parcerias com escolas de idiomas
2	Perda de 20% do alunado	2	Avaliar possíveis trocas de professores	2	Intensificar a divulgação para os pais/responsáveis de um ensino continuado e sólido para seus filhos
3	Escola não oferece cursos extracurriculares de inglês			3	Criar campanha de descontos para antecipação da matrícula
4	Corpo docente resistente a mudanças			4	Buscar materiais didáticos com preços mais acessíveis, porém mantendo a qualidade pedagógica

41

6.3. Traçando as metas

Depois de analisarmos o ambiente externo e o interno, construirmos a matriz SWOT e desenvolvermos um plano de ações estratégicas, precisamos definir as metas.

As metas devem ser mensuráveis e devem estar ligadas aos objetivos macro do negócio: precisam ter a porcentagem desejada de crescimento, a quantidade de alunos fidelizados e/ou captados, o valor de retorno sobre o investimento, entre outros tipos de métricas, e, principalmente, a definição dos prazos.

Que resultados minha escola está buscando?
Faz de conta que uma das metas de sua escola é "Em um ano, crescer o alunado em 20%".

É fundamental que as ações estratégicas ajudem a alcançar as metas traçadas. Caso contrário, serão apenas custos desnecessários.

Limite até 5 metas e coloque-as em ordem hierárquica, da mais importante para a menos, acompanhadas de prazos.

Com as metas em mãos, a escola conseguirá traçar melhor as ações de marketing para compor seu planejamento e alcançar os objetivos definidos.

Marketing Tático

As ações táticas de marketing podem ser de curto a médio prazo e estão ligadas às estratégias definidas. O marketing tático vai tornar as estratégias em realidade. Como cada empresa conta com um plano estratégico, não há uma fórmula de sucesso. Aliás, as ações mais eficientes são aquelas que fogem do lugar comum, ou seja, que são criativas, inovadoras e despertam a curiosidade de seu público-alvo.

Vou destacar alguns tipos de ações de marketing tático mais usados na atualidade e algumas dicas para alcançar mais eficiência nos resultados. Contudo, lembre-se de que são apenas alguns dos caminhos que podem lhe apoiar no desenvolvimento do seu plano de ação estratégico.

1. Marketing digital

Vivemos na era digital; não há dúvidas quanto a isso. Entretanto, sua escola estar acompanhando essa nova era? Como sua escola está divulgando seus serviços na internet? O que os pais/responsáveis e os alunos estão falando de sua instituição nas redes sociais?

A divulgação por meios digitais é muito mais efetiva do que a tradicional pois é possível direcionar a mensagem para um público-alvo específico. Difere-se de uma propaganda na televisão, por exemplo, em que você faz uma divulgação em massa e não tem garantias de que seu público--alvo foi realmente impactado.

Obviamente, é preciso avaliar o modelo de divulgação para cada negócio. Para uma empresa que vende geladeiras, uma propaganda no intervalo da novela faz todo o sentido, mas para uma empresa que vende parafusos, essa talvez não seja a melhor estratégia.

No mercado educacional, a reputação é um dos pontos mais importantes e sensíveis de uma empresa. O pai/responsável, quando está em busca de uma instituição de ensino, não está procurando apenas um bom serviço; ele está também procurando um lugar que prepare seu filho para um futuro de sucesso. Portanto, ele não vai colocar seu filho em uma escola que não tenha uma boa reputação, e o primeiro lugar no qual ele vai buscar referências sobre a escola é na internet.

Então, mesmo que você não tenha experiência ou familiaridade com o mundo digital, é preciso incluí-lo nas estratégias de seu negócio. A escola não precisa ter o domínio de tudo. Se não souber como desenvolver uma boa estratégia digital, terceirize o serviço. Os valores são baixos e o retorno é certeiro. Claro que é preciso fazer uma boa pesquisa na internet antes de contratar uma agência digital. Olhe na página da agência no Facebook se há reclamações e/ou elogios; coloque no Google o nome da empresa e verifique os resultados que aparecerem. Geralmente, no *site* da agência, há uma relação de clientes que são atendidos pela sua equipe. Selecione e entre em contato com uns dois clientes, de preferência que tenham negócios similares ao seu, e verifique a satisfação dessas empresas quanto aos serviços prestados pela agência.

Como disse, reputação é fundamental, e a internet pode (e deve) ser sua grande aliada para fazer sua escola crescer.

Vou destacar aqui ações obrigatórias para sua escola ter uma comunicação eficaz, trabalhar o fortalecimento da marca e captar mais alunos.

1.1. *Site*

O *site* de uma empresa é seu cartão de visitas. É por ele que se detalham os principais serviços e sua história e que se apresentam depoimentos dos clientes, entre outras informações relevantes para uma boa apresentação do negócio.

Como o *site* será a porta de entrada de sua escola para a prospecção de novos alunos, é preciso cuidar de sua imagem e ficar atento a alguns pontos na hora de desenvolvê-lo.

Identidade visual

É fundamental que o *site* tenha a identidade visual de sua escola. Apresentar no *site* a cor predominante do logotipo de sua escola é um ponto importante para que o cliente se identifique rapidamente com sua instituição.

Por exemplo, quando as propagandas do Itaú passam na televisão, antes de aparecer o logotipo do banco na tela você já sabe que a propaganda é do Itaú, pois a cor predominante do anúncio é laranja, a mesma cor do logo da empresa.

Qual é a mensagem que sua escola quer passar para pais/responsáveis e alunos?

Destacar o principal diferencial ou o ponto forte de sua escola? Sua tradição? Seus valores? Sua estrutura?

Por exemplo, se o diferencial de uma escola é seu envolvimento com as famílias, pode-se colocar fotos de pais/responsáveis e alunos da escola na Home do *site*, acompanhados de seus respectivos depoimentos, para trazer mais credibilidade.

Atenção com os excessos

Cuidado com a quantidade de cores, *banners*, textos e informações. O objetivo do site é atiçar a curiosidade dos pais/responsáveis e seus filhos. É fazê-los pensar: "Caramba, essa escola parece ser a ideal! Vamos visitá-la?".

Um *site* poluído não é atrativo e confunde o leitor.

Navegabilidade

A navegabilidade é a experiência do cliente em "passear" pelo seu *site*. É um ponto crucial no desenvolvimento do projeto. É como entrar num *shopping* pela primeira vez e não conseguir encontrar o cinema, por exemplo, pois as placas são confusas e os seguranças são desinformados. A experiência será péssima e o cliente, provavelmente, não voltará mais lá.

Portanto, distribua as informações sobre sua escola em categorias. Seguem alguns exemplos:

Sobre a escola: apresente tudo aquilo que for relacionado à instituição (quem somos, história, cursos, diferenciais, unidades, contato, entre outras informações).

Diferenciais: liste os diferenciais de sua escola. Atenção: limite-se a colocar fatores nos quais realmente sua escola é diferente das demais. Se o cliente acessar o site do seu concorrente, dificilmente encontrará os mesmos pontos destacados.

Segmentos: fale um pouco dos serviços e da infraestrutura de cada um dos segmentos oferecidos pela sua escola.

Notícias: divulgue notícias curtas sobre acontecimentos da sua escola, incluindo imagens e/ou vídeos. É uma estratégia bem eficiente para contar as atividades de sua escola aos alunos e aos seus pais/responsáveis.

Aluno & Família: indique assuntos de interesse por parte dos alunos da escola e de seus pais/responsáveis (área restrita, uniforme, materiais, cursos extracurriculares, biblioteca, agenda de eventos e reuniões, entre outros).

Contato: formulários online para que o usuário escreva sua mensagem e ela seja direcionada para a escola; endereços de e-mails e telefones para entrar em contato com a escola.

Esses são apenas alguns exemplos; você precisa listar todos os dados que são relevantes para seu negócio e criar essas categorias e/ou subcategorias para organizar as informações, facilitando a busca e criando uma boa experiência para os visitantes.

1.2. Redes sociais

O relatório Digital in 2019, realizado pela We Are Social em parceria com a Hootsuite, mostra que mais de 1,9 bilhões de pessoas no mundo são impactadas pelos anúncios no Facebook. Desse total, o Brasil está em quarto lugar do ranking, com 120 milhões de usuários impactados.

Já no Instagram, o país está em segundo lugar com 70 milhões de pessoas alcançadas.[1]

---

[1] Digital in 2019: https://datareportal.com/reports/digital-2019-q3-global-digital-statshot Acessado em 4 de agosto de 2019.

LARGEST FACEBOOK ADVERTISING AUDIENCES

JUL 2019

COUNTRIES AND TERRITORIES* WITH THE LARGEST FACEBOOK ADVERTISING AUDIENCES

#	COUNTRY	REACH	% POP. 13+
01	INDIA	270,000,000	26%
02	UNITED STATES	190,000,000	69%
03	INDONESIA	130,000,000	61%
04	BRAZIL	120,000,000	70%
05	MEXICO	82,000,000	83%
06	PHILIPPINES	68,000,000	88%
07	VIETNAM	58,000,000	75%
08	THAILAND	46,000,000	77%
09	EGYPT	38,000,000	54%
10=	TURKEY	37,000,000	56%
10=	UNITED KINGDOM	37,000,000	65%

#	COUNTRY	REACH	% POP. 13+
12	PAKISTAN	33,000,000	21%
13	BANGLADESH	32,000,000	26%
14=	COLOMBIA	31,000,000	77%
14=	FRANCE	31,000,000	57%
16=	ARGENTINA	29,000,000	82%
16=	ITALY	29,000,000	54%
18	GERMANY	28,000,000	38%
19=	MALAYSIA	22,000,000	90%
19=	NIGERIA	22,000,000	17%
19=	PERU	22,000,000	87%
19=	SPAIN	22,000,000	54%

SOURCE: EXTRAPOLATION OF FACEBOOK DATA (JULY 2019), COMPARED TO POPULATION DATA FROM THE UNITED NATIONS AND THE U.S. CENSUS BUREAU. ***NOTE:** RANKINGS ONLY INCLUDE COUNTRIES AND TERRITORIES FOR WHICH FACEBOOK PUBLISHES AUDIENCE DATA. **ADVISORY:** FACEBOOK HAS RECENTLY CHANGED THE WAY IT REPORTS ADVERTISING AUDIENCE NUMBERS, SO FIGURES QUOTED HERE WILL NOT BE COMPARABLE TO FIGURES QUOTED IN OUR PREVIOUS REPORTS.

Marketing digital

LARGEST INSTAGRAM ADVERTISING AUDIENCES

COUNTRIES AND TERRITORIES* WITH THE LARGEST INSTAGRAM ADVERTISING AUDIENCES

JUL 2019

#	COUNTRY	REACH	% OF POP. 13+
01	UNITED STATES	110,000,000	40%
02	BRAZIL	70,000,000	41%
03	INDIA	69,000,000	7%
04	INDONESIA	59,000,000	28%
05	RUSSIAN FEDERATION	40,000,000	32%
06	TURKEY	37,000,000	56%
07	JAPAN	26,000,000	23%
08	UNITED KINGDOM	23,000,000	40%
09	MEXICO	22,000,000	22%
10=	GERMANY	19,000,000	26%

#	COUNTRY	REACH	% OF POP. 13+
10=	ITALY	19,000,000	36%
12=	ARGENTINA	16,000,000	45%
12=	FRANCE	16,000,000	29%
14	SPAIN	15,000,000	37%
15=	CANADA	12,000,000	37%
15=	SAUDI ARABIA	12,000,000	45%
17=	COLOMBIA	11,000,000	27%
17=	SOUTH KOREA	11,000,000	24%
17=	MALAYSIA	11,000,000	45%
17=	THAILAND	11,000,000	18%

SOURCE: EXTRAPOLATIONS OF FACEBOOK DATA, JULY 2019, COMPARED TO POPULATION DATA FROM THE UNITED NATIONS AND THE U.S. CENSUS BUREAU. *NOTE: RANKINGS ONLY INCLUDE COUNTRIES AND TERRITORIES WITH TOTAL POPULATIONS OF 50,000 OR MORE. **ADVISORY:** FACEBOOK HAS RECENTLY CHANGED THE WAY IT REPORTS ADVERTISING AUDIENCE NUMBERS FOR INSTAGRAM, SO FIGURES QUOTED HERE WILL NOT BE COMPARABLE TO FIGURES QUOTED IN OUR PREVIOUS REPORTS.

Hootsuite · we are social

Outro canal importante é o Youtube, maior plataforma de compartilhamento de vídeos do mundo, com 1,8 bilhões de usuários ativos por mês no mundo.[2]

Hoje em dia, é quase obrigatório uma empresa ter uma página pelo menos nessas três redes sociais, pois são canais de comunicação importantes com o público-alvo. São nelas que as pessoas procuram mais referências sobre a empresa, leem os comentários das postagens para verificar a qualidade dos serviços e até pesquisam quais amigos são seguidores da página da empresa para buscar mais informações.

Porém, atenção! As redes sociais podem tanto ser suas aliadas na divulgação do negócio como também podem ser suas inimigas se forem mal utilizadas. Tudo depende de como você está usando essas ferramentas.

Não basta somente ter uma página nas redes sociais; é preciso cuidá-las com carinho e tomar alguns cuidados na criação do perfil de sua escola.

1.3. Marketing de conteúdo

Quando acessam o Facebook, os usuários estão em busca de novidades sobre amigos, artistas, notícias do país e do mundo, esportes, política, entre outros assuntos. Assim, eles estão sempre procurando por novidades.

Portanto, para que uma empresa tenha um bom engajamento em sua própria página, é preciso sempre gerar conteúdos novos.

---

[2] Canal Tech: https://canaltech.com.br/redes-sociais/youtube-ja-tem-mais-de-18-bilhao-de-usuarios-ativos-por-mes-113174/ Acessado em 4 de agosto de 2019.

Marketing de conteúdo é "vender" os serviços ou os produtos de uma empresa de modo indireto. Vamos analisar dois textos abaixo para exemplificar a divulgação de uma escola bilíngue:

- "Conheça nossa escola. Temos o melhor programa bilíngue do país!"
- "Tendência que veio para ficar: escolas que têm programa bilíngue conquistam mais alunos e pais pelo Brasil."

A primeira frase é direta. É a empresa se vendendo, isto é, mais do mesmo.

A segunda frase já não fala da escola, mas, sim, de uma tendência que cresce no Brasil. A escola, ao postar esse tipo de conteúdo em sua página, está informando aos pais/responsáveis sobre uma novidade no modelo de ensino e, ao mesmo tempo, passando a mensagem de ser uma escola atual, que acompanha as principais tendências da área da Educação.

Outra estratégia é postar notícias sobre os projetos da escola. Assim, geram-se notícias para os seguidores, e os serviços da instituição também são divulgados. Contudo, atenção: o conteúdo precisa ser interessante e bem escrito.

Esses cuidados com os textos e a maneira de se comunicar com seu público-alvo são fundamentais. Muitas escolas deixam suas redes sociais nas mãos dos profissionais de TI ou de algum profissional que apresente habilidade para a função.

Para que a estratégia de marketing de conteúdo funcione, sua escola precisa de profissionais da área. Podem ser profissionais de marketing contratados pela escola ou agências especializadas em marketing de conteúdo.

Particularmente prefiro a segunda opção, pois nem sempre o profissional de Marketing tem habilidade com a escrita, além de acumular outras funções dentro da escola.

Quando a escola contrata uma agência de marketing de conteúdo, ela acompanha o desenvolvimento do trabalho e vai solicitando os ajustes necessários. Caso não esteja satisfeita com a elaboração dos textos, a agência consegue trocar o profissional que a atende ou a escola pode decidir trabalhar com uma nova agência. Dependendo do contrato assinado com a agência, é um caminho mais barato e eficaz do que contratar um funcionário.

Para que você implante o marketing de conteúdo, é preciso que a escola tenha um *blog*, que pode estar dentro do próprio site da instituição. Depois que a matéria for publicada no *blog*, é possível compartilhá-la nas redes sociais.

1.4. Selecionando as imagens para os *posts*

"Uma imagem vale mais que mil palavras", já dizia o ditado popular. A disputa das empresas por atenção nas redes sociais é grande; é preciso chamar a atenção do público.

Depois de definido o tema do *post* e de ter sido desenvolvido seu conteúdo, é preciso pensar em uma imagem que chame a atenção.

Muitas empresas desavisadas vão atrás de imagens no Google e as utilizam em suas redes sociais. Muito cuidado! Usar imagens de outras pessoas ou empresas sem permissão pode gerar processos judiciais. O melhor caminho é contratar um banco de imagens. A mensalidade é baixa e você pode escolher entre milhares de imagens, ilustrações e vídeos para ilustrar os seus conteúdos, de maneira legal e sem dor de cabeça.

Duas empresas muito conhecidas que contam com um vasto banco de imagens são:

- Shutterstock: https://www.shutterstock.com
- Getty Images: https://www.gettyimages.com

Você também poderá usar as imagens desses bancos para apoiar outras ações, como comunicados para pais/responsáveis ou alunos, convites para as festas da escola, projetos pedagógicos ou apostilas desenvolvidas pela instituição, entre outras.

Para ilustrar seus *posts*, confira se a imagem que está selecionando se relaciona com a chamada da notícia. Verifique também se é uma imagem que chama a atenção, ou pelas cores ou pelo significado que ela transmite. A imagem precisa "tocar o coração" do público para chamar a atenção, divulgando uma mensagem alegre ou não.

1.5. Respondendo a seus clientes

Não é horrível quando você precisa falar com uma empresa e não obtém retorno? Pois é. O Facebook é um dos canais mais procurados pelos clientes para saber sobre os serviços de uma empresa, reclamar ou tirar dúvidas. O cliente espera um retorno mais rápido via redes sociais do que via mensagem por *e-mail* ou até contato via telefone. Isso porque as redes sociais estão em atividade 24 horas, e os clientes estão nas redes sociais o tempo todo.

Portanto, se sua escola tem uma página no Facebook ou no Instagram, é preciso ficar atento às mensagens do Messenger/Direct e, principalmente, ler todos os comentários de seus *posts* nas páginas, pois, muitas vezes, os clientes fazem perguntas ou reclamações por esses meios, e não respondê-las traz uma imagem negativa para a empresa.

Este é mais um motivo para que a escola analise quem será responsável pelas redes sociais. Responder aos clientes requer cuidado e atenção especial. Se um pai/responsável postar algo grosseiro na sua página, por exemplo, é preciso ter cuidado para não prejudicar a imagem da escola. Apagar o comentário nunca é bom; parece que a empresa está escondendo algo dos seguidores. A melhor estratégia é sempre responder com educação e tentar ao máximo esclarecer dúvidas e resolver os problemas dos clientes. Por conta disso, simplesmente deixar as redes sociais da empresa na mão do profissional de TI não é uma boa estratégia, pois ele não é um profissional especialista no assunto. Caso a escola não tenha condições de contratar uma agência, avalie se o profissional de marketing tem habilidade para essa função ou se a pessoa da escola responsável por atender os pais/responsáveis poderia ficar com mais essa responsabilidade.

1.6. Compartilhamento de conteúdos

Para manter suas redes sociais atualizadas, não é preciso ter conteúdos exclusivos; você poderá também compartilhar matérias e notícias de outros canais, como jornais, revistas e *blogs*. Contudo, atenção: com tantas *fake news*, é preciso cuidado ao compartilhar.

Antes de compartilhar alguma coisa, leia o conteúdo todo, conferindo se está bem escrito e se não há erros de português – afinal, estamos falando da página de uma escola –, e, principalmente, procure checar quem publicou a matéria. Evite compartilhar conteúdos de *blogs* pouco conhecidos e que não especifiquem a autoria do texto. Outro ponto importante é conferir a data da publicação. É preciso compartilhar temas atuais em sua página; compartilhar algo publicado há três anos vai passar a imagem de uma escola desatualizada.

Portanto, dê preferência a compartilhar conteúdos de veículos de comunicação especializados na área educacional, como a Revista Nova Escola, Revista Educação, Revista Pais e Filhos e jornais com credibilidade em seu estado, entre outros canais em que especialistas sérios desenvolvem seus materiais.

1.7. Vídeos institucionais

O vídeo é uma ferramenta de marketing poderosa para a divulgação da escola, tanto para enaltecer a marca entre seu público-alvo como para anunciar novos projetos e novidades da instituição. Nada melhor para promover um serviço do que os próprios clientes dando seu depoimento; isso vende muito mais uma ideia do que a empresa falando sobre ela mesma.

Aproveite a plataforma de vídeo para explorar a opinião dos pais/responsáveis, dos alunos matriculados e dos funcionários, como o segurança, os professores, coordenadores, diretores, entre outros.

O vídeo precisa "tocar o coração" dos pais/responsáveis e fazer seus filhos terem vontade de estudar na sua escola.

Seguem algumas dicas importantes para produzir vídeos com qualidade:

Objetivos
O primeiro passo é entender quais são os objetivos do vídeo. O que quero divulgar? Esse é o melhor meio para divulgar o que preciso? Para quem quero divulgar alguma coisa? Onde esse público está para que eu possa divulgar algo?

Tempo
O ideal é fazer vídeos curtos, mas é preciso entender o objetivo de cada um para definir tempo. Um vídeo explicativo talvez precise de cinco minutos, pelo menos; já um outro para divulgar a escola pode ter dois minutos e meio. Isso vai depender do seu objetivo.

Entretanto, uma coisa é certa: vídeos muito longos fazem o telespectador perder o interesse. Portanto, avalie a questão do tempo, tente ser objetivo na mensagem e muito criativo para que o material se torne interessante e, quem sabe, até viralize na internet.

Roteiro

A escola pode montar um roteiro para o vídeo e/ou contratar uma produtora que faça o trabalho completo, do roteiro à edição. Mesmo com a contratação de uma empresa para a elaboração do texto, a escola terá de avaliá-lo e aprová-lo antes da filmagem. Essa é uma das partes mais críticas, pois é preciso analisar diversas vezes o roteiro até que ele esteja perfeito. Deve-se verificar os ambientes da escola que se desejam mostrar (e quais você não gostaria de apresentar), quais perguntas serão feitas para os entrevistados, enfim, pensar em todos os detalhes para evitar quaisquer problemas ou dúvidas durante o dia da gravação.

Filmagem, produção e edição

Para passar uma boa imagem ao seu público-alvo, é preciso que seu vídeo seja muito bem produzido; não pode ser algo caseiro, filmado do celular. A filmagem não pode ficar torta e tremida, portanto contrate uma empresa para filmar, produzir e editar seu vídeo.

Os vídeos são cartões de visita da escola. Um material mal filmado e mal produzido vai remeter a uma imagem negativa. Esse é um investimento que vale muito a pena.

Trilha sonora

Na hora de escolher a trilha, analise se a música combina com o posicionamento de marca da escola. Outro ponto importante: se o vídeo for acompanhado por locução, verifique se a trilha sonora não a está atrapalhando.

Autorização de imagem
Esse é um ponto crucial para as escolas não terem problemas judiciais no futuro. Faça todas as pessoas do vídeo, especialmente alunos e seus pais/responsáveis, assinarem um termo de autorização de uso de imagem.

Seguem abaixo boas referências de vídeos do **Colégio Monteiro Lobato**, de Porto Alegre (RS), para sua escola se inspirar:

- Viva Meu Colégio (https://www.youtube.com/watch?v=NUAfrvLFIII)
- Estudantes do Programa Monteiro High School (https://www.youtube.com/watch?v=KpxP9U4rrFI)
- Brincar (https://www.youtube.com/watch?v=WBJtbsjz12E)
- Viva o mundo (https://www.youtube.com/watch?v=WIIkSHCyha4)

1.8. *Tour* virtual 360º
Um dos problemas na hora dos pais/responsáveis escolherem a escola ideal para seus filhos é a necessidade de eles conhecerem mais a estrutura da escola, seu dia a dia, sua rotina, etc. Pelo *site* da escola, pelas redes sociais ou mesmo por catálogos, isso não é possível.

Para isso, os pais e responsáveis precisam visitar as escolas, não tem jeito. A questão é que eles fazem uma seleção de quais instituições visitarão. Nessa hora, um *tour* virtual 360º pela escola pode convencê-los a visitar sua escola.

Essa ferramenta não é novidade, mas muitas escolas ainda não a utilizam e podem, assim, perder uma boa oportunidade. Vale a pena avaliar.

Seguem abaixo alguns exemplos de colégios com esse tipo de vídeo disponível no YouTube:

- Conheça o Pueri Domus – Unidade da Verbo Divino em 360 graus (https://www.youtube.com/watch?v=esNdnJiVnmA)
- Colégio Pentágono Tour Virtual em Vídeo 360 graus (https://www.youtube.com/watch?v=L9b4vUcLYv8)
- Lucton School 360 tour (VR) (https://www.youtube.com/watch?v=2Qsi9BsRSuY)

2. Materiais impressos

Os materiais impressos, como catálogos, *flyers*, cartões de visitas e cartazes, entre outros, têm como objetivo impactar o público-alvo de modo presencial, em reuniões, eventos, visitas etc.

Os materiais impressos, dependendo do objetivo traçado, são importantes para fortalecer a marca de sua escola e captar mais alunos. Entretanto, é preciso planejar bem antes de definir esse tipo de recurso. Estamos na era digital, e as pessoas desejam carregar cada vez menos papel. Portanto, para cada tipo de material, trace um objetivo claro.

Seguem alguns exemplos de folheteria e sugestões de uso:

Cartão de visitas: essencial para reuniões e eventos. Verifique quais são os funcionários da empresa que realmente precisam de cartão de visitas para que a escola não desperdice dinheiro. Uma ideia é fazer um cartão institucional padrão com os dados básicos da escola; assim, as pessoas que não usam tanto esse recurso no dia a dia podem nele colocar seu nome à mão.

Catálogos: podem ser inclusos no kit de matrícula. O ideal é fazer catálogos de acordo com os diferentes níveis de ensino, apresentando os principais diferenciais, projetos e cursos, entre outros. Uma outra opção é montar um catálogo completo da escola, não muito extenso, para ajudar no fortalecimento da marca em eventos educacionais e apoiar na prospecção de novos alunos.

Folhetos/Panfletos: materiais bem simples, com poucas páginas, para divulgação de cursos específicos, tabela de preços, eventos, agenda da escola, entre outros. Podem servir para divulgação interna ou externa. Os folhetos podem ser distribuídos em eventos, deixados na recepção da escola ou em empresas parceiras ou até mesmo serem distribuídos na porta do colégio, entre outras situações.

Cartaz/Pôster: ideal para divulgação nos corredores da escola e na sala dos professores ou para exposição em empresas parceiras, como lojas e restaurantes do bairro.

3. Assessoria de imprensa

A assessoria de imprensa tem como objetivo divulgar os serviços e produtos de uma empresa para os veículos de comunicação a fim de conquistar mídia espontânea.

Mídia espontânea é a menção positiva de uma marca em conteúdo de caráter editorial, isto é, não se refere a propaganda paga.

Esse tipo de serviço é muito utilizado em médias e grandes empresas de diversos segmentos de mercado, porém é pouquíssimo usado pelas escolas de Educação Básica. Os motivos podem ser falta de conhecimento, imaginar que o serviço é caro ou não funcionará para sua escola ou, então, achar que não possui notícias suficientes para contratar este tipo de serviço.

A contratação de um assessor de imprensa (pessoa física) ou de uma empresa especializada pode trazer resultados inimagináveis para o negócio. É um investimento relativamente baixo comparado a anúncios pagos em revistas ou a propagandas na televisão, rádio e jornais.

Por exemplo, sua escola pode ter um projeto pedagógico bem diferente e encaminhar essa sugestão de pauta para a Revista Nova Escola, que, então, se interessa em fazer uma matéria de duas páginas. Suponhamos que o valor de um anúncio de página dupla na revista custe R$ 30.000,00. Imaginando que você tenha contratado uma assessoria de imprensa por R$ 5.000,00/mês, só essa matéria de duas páginas sobre sua escola vale 6 meses do serviço da assessoria de imprensa.

Isso quer dizer que vale muito a pena ir atrás de mídia espontânea. Não pense que estou falando somente de mídias tradicionais e grandiosas, como Globo, Veja, Rádio CBN, entre outras. Esses canais são importantes e relevantes, mas há diversos outros que vão alcançar ainda mais o seu público-alvo, como *blogs*, *sites* educacionais, jornais estaduais ou de bairro, entre outros.

Contratar assessoria de imprensa ou um profissional terceirizado pode ser algo maravilhoso ou uma experiência terrível, portanto é preciso pesquisar muito e buscar referências antes de assinar o contrato.

A divulgação de sua escola por meio de mídia espontânea trará mais credibilidade para o seu negócio entre seu público-alvo. A escola poderá colocar essas matérias nas suas redes sociais, *sites* e comunicações internas e externas, mas, como em qualquer outra ação do plano estratégico, é preciso planejar e acompanhar de perto o trabalho da assessoria de imprensa.

Seguem algumas dicas importantes:

3.1. Um bom *press release* é fundamental!
Os *press releases* são textos elaborados para tratar de um serviço ou produto da empresa ou abordar alguma pauta interessante em que se encaixe, de algum modo, a divulgação da empresa. Os *press releases* são encaminhados via *e-mail* aos jornalistas ou a formadores de opinião.

Um exemplo prático é encaminhar aos veículos de comunicação um material sobre como usar metodologias ativas em sala de aula e indicar um profissional da sua escola para abordar o assunto.

Os *press releases* precisam de um título que chame a atenção do jornalista. Exemplo: "Tendência na educação: as metodologias ativas em sala de aula".

Os assuntos devem ser atuais, inovadores, curiosos e/ou polêmicos para que os jornalistas se interessem em divulgar as matérias. É preciso que a escola esteja atenta às tendências do mercado educacional para conseguir associá-las aos seus serviços.

3.2. *Mailing* e relacionamento

Mailing é uma base de dados de jornalistas para quem são enviados os *press releases*. Uma boa assessoria de imprensa conta com bons contatos nos veículos de comunicação.

Contudo, de nada adianta um monte de contatos se a assessoria não tiver um bom relacionamento com eles.

Antes de contratar o serviço, pergunte sobre a origem do *mailing* que costumam trabalhar e peça que contem sobre as principais matérias conquistadas recentemente.

A assessoria de imprensa não precisa ter experiência na área de Educação. Se tiver, é interessante, mas isso não precisa ser um empecilho na hora de decidir qual empresa contratar. Por vezes, é até melhor que não tenha experiência na área educacional pois poderá trazer ideias diferentes do que é aplicado no mercado atualmente.

Dependendo da experiência e dos resultados que a assessoria lhe mostrar, vale a pena fazer um teste de seis meses e acompanhar seu trabalho junto a sua instituição. É necessário fazer uma boa pesquisa com pelo menos três empresas e definir a melhor opção.

3.3. *Clipping*

Um erro clássico das empresas é não dar atenção para a contratação de um serviço de clipagem após a contratação de uma assessoria de imprensa.

Clipping é o conjunto de notícias referentes a sua escola. Esse é o melhor jeito de mensurar os resultados conquistados pela assessoria de imprensa. A empresa de clipagem reúne notícias divulgadas em todos os veículos de comunicação do país.

Uma sugestão é fazer um orçamento com várias empresas de clipagem, solicitando não só as notícias sobre sua escola, mas também incluir notícias do mercado educacional e dos seus principais concorrentes.

Essas notícias serão encaminhadas por *e-mail* para todos os funcionários que a escola achar interessante estarem bem informados.

Com certeza sua escola sairá na frente com essas medidas!

3.4. *Video release*
Um material ainda pouco explorado é o *video release*, que tem como objetivo divulgar alguns conteúdos de maneira mais lúdica. Lembre-se de que a informação apresentada deve ser interessante, inovadora, polêmica e/ou muito atual.

Segue um exemplo de *video release* que você encontra no YouTube:

- "Lollapalooza 2018 – Impactos no Turismo da Cidade de São Paulo" (https://www.youtube.com/watch?v=pojEyEW9RcY)

Produzir um vídeo profissional não é algo barato. Portanto, uma sugestão é a escola desenvolver projetos com os próprios alunos e usar esses materiais produzidos por eles para divulgação na imprensa. Use e abuse da criatividade; contudo, preste atenção à qualidade do material!

Produção de conteúdo
Muitas empresas de assessoria de imprensa estão oferecendo também produção de conteúdo para *blogs*, *newsletters* e redes sociais. Obviamente, o orçamento vai aumentar um pouco, mas esta pode ser uma excelente opção para as escolas, já que nem sempre as agências de marketing digital contam com profissionais com boa escrita.

4. Marketing de experiência

O marketing de experiência lida com a emoção do cliente, fazendo-o defender a marca da empresa e divulgá-la espontaneamente.

Há milhares de marcas que comercializam o mesmo tipo de produto ou serviço. Os consumidores podem compará-las tranquila e rapidamente pela internet. Imagine que duas empresas tenham excelente qualidade. O que vai fazer o consumidor ser fiel a uma ou a outra marca é o quanto ela vai impactar positivamente o cliente.

Imagine que há duas pizzarias no seu bairro, ambas com excelente qualidade e variedades de pizza. Um restaurante sempre está lotado de clientes e o outro, sempre vazio. O problema é que o segundo restaurante não está entregando uma experiência positiva ao cliente: o atendimento é lento e o ambiente, pouco convidativo. Já a outra pizzaria faz o cliente se sentir em casa, em um ambiente confortável com garçons atenciosos e agilidade na entrega da pizza. Além disso, montou um Espaço *Kids*, tornando agradável a experiência dos pais/responsáveis, que querem comer com tranquilidade, e a das crianças, que poderão brincar em vez de ficarem sentadas à mesa, sem ter o que fazer.

Bernd Herbert Schmitt, autor de diversos livros sobre o comportamento do consumidor, dividiu o marketing de experiência em 5 grupos: sensorial, emocional, cognitivo, comportamental e identificação.[3]

4.1. Sensorial

Impactar os clientes usando os 5 sentidos (audição, visão, tato, olfato e paladar).

A escola pode muito bem usar essa estratégia, principalmente para captação de alunos. Você pode deixar a experiência da visita dos pais/responsáveis e alunos mais atrativa. Exemplos: deixar à disposição uma mesa com lanchinhos, café e sucos para os visitantes; criar ações para deixar a visita mais lúdica para as crianças; montar um *tour* agradável para os pais/responsáveis, preocupando-se com cada detalhe; escrever um bom roteiro com as características positivas da escola; e fazer as pessoas responsáveis por guiar o passeio estarem bem preparadas e com um sorriso no rosto.

4.2. Emocional

O sentimento é algo essencial para criar um vínculo entre o cliente e a marca.

Os pais ou responsáveis precisam ter bons sentimentos em relação à escola, pois, na maioria das vezes, eles buscam nela um segundo lar para seus filhos. Há diversos tipos de emoções positivas que podem ajudar na decisão dos pais/responsáveis, como paz, contentamento, otimismo, entre outros.

---

3   Escola Design Thinking: https://escoladesignthinking.echos.cc/blog/2019/02/marketing-de-experiencia/ Acessado em 4 de agosto de 2019

O sentimento positivo é importante também para a fidelização dos estudantes, pois se eles não estiverem vivendo uma boa experiência na escola, certamente convencerão seus pais/responsáveis a procurar outra.

4.3. Cognitivo

Incentivar o público a pensar de modo criativo e diferente e solucionar problemas de maneira inusitada. O foco aqui é inovar, é trazer novas perspectivas para o consumidor.

Por exemplo, se uma escola está com um problema sério de *bullying*, em vez de esconder isso dos pais/responsáveis, ela pode criar um projeto bem criativo que alcance toda a escola. Essa ação pode fazer a marca de sua escola ser respeitada por trazer à tona, de modo diferenciado, um problema sério.

4.4. Comportamental

É o tipo de experiência mais comum, que envolve ações promocionais, ações digitais, entre outras táticas, a fim de criar uma experiência inesquecível para o cliente.

São ações que você pode usar para captação ou fidelização de alunos. Sua escola pode, por exemplo, produzir um vídeo de conscientização sobre o meio ambiente em que os alunos vivenciam experiências reais. Uma ação dessas impacta tanto os estudantes como os pais e responsáveis.

4.5. Identificação

Cada vez mais, os consumidores buscam marcas com as quais se identificam e compartilham de seus mesmos valores. Uma loja de roupas que se utiliza de trabalho infantil pode perder seus consumidores; já uma outra loja de roupas, que apoia campanhas sociais, pode aumentar seu número de clientes.

5. Marketing onicanal

Em seu livro *Marketing 4.0 – Do tradicional ao digital*, Philip Kotler explica as diversas mudanças nas estratégias de marketing na era digital e, inclusive, apresenta o marketing onicanal, que é a prática de integrar vários canais para criar uma experiência de consumo contínua e uniforme.

O marketing onicanal surgiu por conta de uma mudança de perfil do consumidor, que está cada vez mais conectado.

O consumidor pode encontrar um produto em uma loja física e pesquisar preços, depois visitar uma loja virtual e lá adquirir o produto. Ou ao contrário: pode conhecer um produto por meio das mídias sociais e ir a uma loja física para adquiri-lo.

Para que a estratégia de marketing onicanal funcione, é preciso que os profissionais de marketing entendam e mapeiem canais e pontos de contato.

O canal é a plataforma de comunicação e/ou meio usado pelo consumidor para interagir com a marca: canal de comunicação (televisão, mídias sociais, central de atendimento etc.) e canal de venda (loja física ou virtual, feiras, equipe de vendas etc.).

Ponto de contato é a interação direta ou indireta, *online* ou *offline*, do consumidor com a marca e/ou com outros consumidores. Um ponto de contato pode envolver um ou mais canais. O consumidor pode tomar conhecimento sobre um produto ou serviço por meio de um anúncio impresso e uma central de atendimento, por exemplo.

Como aplicar esse modelo de marketing na sua escola?

Na verdade, a maioria das escolas já tem canais para a elaboração de uma boa estratégia de marketing onicanal. Por exemplo, uma mãe tem acesso ao *site* da instituição para buscar informações. Depois, ela agenda uma visita para conhecer a escola e decide lá matricular seu filho.

Um outro cenário pode ser a mãe ter ouvido boas referências da escola por uma amiga. Ela, então, liga para a escola e agenda uma visita, mas ainda não fecha negócio, preferindo pesquisar mais. Em casa, ela acessa o *site* dessa escola via celular, lê depoimentos de pais/responsáveis e alunos, assiste a vídeos e confere demais informações, resolvendo voltar à escola para matricular seu filho.

Como se pode ver, é algo que parece óbvio nos dias de hoje, mas sua escola está prestando atenção a esses movimentos? Sua escola conta com os canais mais populares para interagir com seu público? A experiência que os pais e responsáveis têm no *site* da sua escola é complementar ao que vivenciam quando visitam sua escola e vice-versa?

Nessa era de conexão em que vivemos, conhecer em detalhes o percurso que os pais e responsáveis fazem até fechar negócio com sua escola é essencial, além de extremamente estratégico, para captar alunos e combater seus concorrentes.

6. *Storytelling*

Storytelling é uma das técnicas mais usadas no momento pelos profissionais de marketing para divulgação de uma marca, produto ou serviço por meio de palavras ou recursos visuais.

A arte de contar histórias é algo muito antigo, principalmente no mundo da propaganda. Tente se lembrar de anúncios para a televisão de empresas como a Coca-Cola ou O Boticário. Há uma história emocionante lá. Essas empresas não estão vendendo seus produtos de maneira direta. Elas estão emocionando o público, tratando de aventuras, amores, famílias, conquistas, e, desse modo, conectando emocionalmente a marca com as pessoas.

O *storytelling* pode ser usado em ações *online* ou *offline*, por meio de histórias reais ou fictícias, com o objetivo central de envolver a audiência de maneira mais humanizada.

As escolas estão cheias de histórias reais para contar, portanto o *storytelling* pode ser utilizado facilmente nos canais de comunicação, como *sites*, *blogs* e mídias sociais.

Que histórias sua escola poderia contar aos pais e responsáveis? Imagine mostrar a superação de alguns alunos de sua escola? E se sua escola chamasse ex-alunos bem-sucedidos para contar como foi estudar em sua instituição? Ou contar as histórias de professores que fizeram carreira na escola? Você pode contar a própria história da escola de um modo mais emocionante e envolvente.

Essa técnica é perfeita também para a elaboração de *press releases* e para divulgação na imprensa.

No livro *O Guia Completo do Storytelling* (recomendo muito a leitura), Fernando Palacios e Martha Terenzzo destacam algumas diretrizes para se escrever boas histórias:

- Toda marca tem uma história e toda história pode ser contada. Mas é preciso ter uma razão para ser contada.
- Essas histórias precisam de um personagem principal, que pode ser representado pelo consumidor ou público-alvo principal.
- Toda história envolvente inicia-se com um problema ou um conflito a ser resolvido pela marca ou empresa.
- Uma história envolvente pode inspirar potenciais clientes a agir e se envolver profundamente com a marca.
- Toda história envolvente pode gerar atenção da audiência desejada. Portanto, toda informação e conteúdo relevante pode ser gancho para uma pauta.
- Uma boa história tem a capacidade de se relacionar fortemente com a audiência, criando afinidade e relacionamento em longo prazo.
- Toda boa história pode se transformar em uma comunicação forte e viral quando é engajadora.
- Toda história pode estar presente nas múltiplas plataformas de comunicação, mas a linguagem de cada uma delas deve ser respeitada.
- Tudo pode ser conteúdo para relações públicas ou assessoria de imprensa, e, atrelado a boas histórias, ele ganha importância e, possivelmente, mais notoriedade.

- Como em uma engrenagem, um novo modelo de comunicação está se transformando. Fique atento. Cada empresa pode customizar e experimentar sua própria estratégia e potencializar o uso da assessoria de imprensa com publicidade, promoção e redes sociais.

7. Marketing de relacionamento

Hoje, uma das principais preocupações das escolas é a captação de novos alunos.

Captá-los é importante, mas retê-los é fundamental.

Se as escolas desenvolvessem mais ações de fidelização, elas teriam menos dor de cabeça no segundo semestre, período de desenvolvimento da campanha de matrícula.

A estratégia mais eficaz para a fidelização de clientes é desenvolver ações de marketing de relacionamento. Não adianta só vender um serviço e esquecer o cliente; é preciso que pais, responsáveis e alunos se sintam parte da escola.

Parece muito bonito, mas sabemos que não é tão fácil assim, certo? O dia a dia da escola nos faz esquecer de simples ações, como mandar uma mensagem pelo aniversário de seu cliente. Entretanto, se sua escola montar um plano de ação e indicar um responsável para executá-lo, o retorno positivo será imediato.

Não são necessários altos investimentos e ações "de outro mundo". Às vezes, a simplicidade é o melhor caminho.

Seguem algumas ideias práticas e de baixo custo:

- Cartão de aniversário virtual (*e-mail* marketing ou WhatsApp);

- Pesquisas periódicas de satisfação voltadas para pais/responsáveis e para alunos;
- Use datas especiais para criar conteúdos interessantes (encaminhá-los via *e-mail* marketing e disponibilizá-los no *site/blog* e nas mídias sociais);
- Ações de boas-vindas aos alunos que retornam das férias escolares;
- Criar *newsletter* com notícias sobre a escola;
- Usar as mídias sociais para se aproximar de seus clientes e consumidores;
- Enviar uma mensagem especial aos pais/responsáveis quando seus filhos tirarem boas notas ou realizarem grandes feitos na escola;
- Desenvolver ações diferenciadas voltadas para os pais e responsáveis com filhos que apresentam mais dificuldades nos estudos e/ou que estão causando problemas na escola. Ex.: reuniões especiais, projetos de conscientização, envio de textos relevantes para ajudar as famílias, entre outros.

Marketing Operacional

1. Orçamento

Depois de definidas as ações estratégicas de marketing, é hora de orçá-las. Coloque numa planilha todos os valores referentes ao investimento em marketing, avalie se a escola pode contar com esse orçamento e faça os ajustes necessários.

Como você já elencou as metas das mais importantes para as menos, caso o orçamento tenha ficado muito alto, dê preferência para as ações que contribuirão para as metas mais relevantes para o momento atual da empresa.

Para um caixa saudável, é fundamental que a escola avalie os investimentos de cada ação de marketing *versus* o seu retorno para a empresa.

Dependendo do momento da escola, ações focadas em captação de alunos serão mais relevantes do que ações de fortalecimento da marca.

O orçamento deve ser desdobrado por valores mensais para que você consiga organizar seu fluxo de caixa.

Segue um modelo de planilha bem prático para você se inspirar:

Ação	Tipo	Fornecedor	Quantidade	Valor unitário	Valor total
Agência de marketing digital	Comunicação	Agência X	12	R$ 2.000	R$ 24.000
Impressão de folhetos matrículas	Folheteria	Gráfica Y	2.000	R$ 4,50	R$ 9.000
Investimento em anúncios	Publicidade	Revista Z	4	R$ 3.000,00	R$ 12.000
Total Mês					

Ação	Tipo	Fornecedor	Quantidade	Valor unitário	Valor Total
Agência de marketing digital	Comunicação	Agência X	12	R$ 2.000	R$ 24.000
Impressão de folhetos matrículas	Folheteria	Gráfica Y	2.000	R$ 4,50	R$ 9.000
Investimento em anúncios	Publicidade	Revista Z	4	R$ 3.000	R$ 12.000
Total Mês					
Total Ano					

Obs. Esta tabela foi adaptada para caber no formato da página do livro. O ideal é deixar as colunas de cada mês uma ao lado da outra.

Orçamento

JAN.	FEV.	MAR.	ABR.	MAI.	JUN.
R$ 2.000	R$ 2.000	R$ 2.000	R$ 2.000	R$ 2.000	R$ 2.000
R$ 0	R$ 0	R$ 0	R$ 0	R$ 0	R$ 0
R$ 3.000	R$ 0	R$ 0	R$ 0	R$ 0	R$ 0
R$ 5.000	R$ 2.000	R$ 2.000	R$ 2.000	R$ 2.000	R$ 2.000

JUL.	AGO.	SET.	OUT.	NOV.	DEZ.
R$ 2.000	R$ 2.000	R$ 2.000	R$ 2.000	R$ 2.000	R$ 2.000
R$ 0	R$ 0	R$ 9.000	R$ 0	R$ 0	R$ 0
R$ 0	R$ 0	R$ 3.000	R$ 3.000	R$ 3.000	R$ 0
R$ 2.000	R$ 2.000	R$ 14.000	R$ 5.000	R$ 5.000	R$ 2.000

R$ 45.000

2. Cronograma

O cronograma é uma ferramenta que, muitas vezes, deixamos de usar por conta da correria do dia a dia. Porém, ele é fundamental para o acompanhamento das atividades e para garantir efetividade na aplicação das estratégias de marketing.

Para cada ação, destaque um responsável. Quem vai entrar em contato com o fornecedor? Quem vai acompanhar o serviço prestado? Quem vai aprovar o *layout* das peças de marketing? É preciso desdobrar as ações em etapas.

Por exemplo, se uma das ações for "Impressão dos folhetos da campanha de matrícula", é preciso colocar no cronograma o prazo de entrega (dia e mês) e os responsáveis por cada etapa destacada abaixo:

- Responsável pelo texto do folheto;
- Responsável pelo *layout*;
- Responsável pela aprovação da arte do folheto pronto;
- Responsável por entrar em contato com as gráficas para encontrar o melhor orçamento;
- Responsável por fechar e encaminhar o arquivo final para a gráfica.

Mesmo que a escola tenha um profissional de marketing ou uma agência para operacionalizar as ações, é importante que a direção esteja inserida no processo de aprovação para garantir o posicionamento de marca da instituição.

Outro ponto importante (com o qual muitas empresas não se preocupam) é contratar um profissional ou uma empresa de revisão, que terá a responsabilidade de revisar gramaticalmente todos os materiais da empresa. Sabemos que o dia a dia escolar é corrido e que erros de português podem acontecer, mas, no caso de uma instituição de ensino, esse tipo de erro não é bom para a sua imagem. Portanto, antes de fechar qualquer material digital ou para impressão, inclua no cronograma a etapa da revisão.

3. Vamos com tudo!

Agora é hora de colocar a mão na massa e ir com toda a garra para sua escola conquistar o espaço que merece no mercado!

Espero ter contribuído com informações e dicas relevantes para o desenvolvimento de um plano de marketing eficiente para sua escola.

Escrevi este livro com muito carinho pensando no dia a dia da escola, baseada em meus mais de dezoito anos de experiência na área de Marketing Educacional.

Tentei misturar estratégias do marketing clássico com as tendências atuais de maneira simples e prática, pois entendo que o dia a dia dos gestores e profissionais de marketing é extremamente corrido.

Minha dica final é: tente aplicar as técnicas e usar as ferramentas de marketing apresentadas aos poucos. Avalie o momento da sua escola e vá desenvolvendo planos estratégicos para alcançar as metas e os objetivos mais urgentes.

Deixe este livro à mão para que possa consultá-lo sempre que precisar.

Fico à disposição para lhe ajudar com eventuais dúvidas.

Até a próxima!

Helena Poças Leitão
helena.pocas.leitao@gmail.com

Bibliografia

SCHMITT, B. H. **Marketing Experimental**. São Paulo: Nobel, 2002.

PALACIOS, F.; TERENZZO, M. **O Guia Completo do *Storytelling***. Rio de Janeiro: Alta Books Editora, 2016.

KOTLER, P.; KARTAJAYA, H.; SETIAWAN, I. **Marketing 4.0: do tradicional ao digital**. Rio de Janeiro: Sextante, 2017.

COLOMBO, S. S et al. **Marketing Educacional em ação: estratégias e ferramentas**. Porto Alegre: Artmed/Bookman, 2005.

KOTLER, P.; KELLER L. K. **Administração de marketing: a edição do novo milênio**. São Paulo: Pearson Prentice Hall, 2019.

Digital in 2019: https://datareportal.com/reports/digital-2019-q3-global-digital-statshot Acessado em 4 de agosto de 2019.

Canal Tech: https://canaltech.com.br/redes-sociais/youtube-ja-tem-mais-de-18-bilhao-de-usuarios-ativos-por-mes-113174/ Acessado em 4 de agosto de 2019.

Escola Design Thinking: https://escoladesignthinking.echos.cc/blog/2019/02/marketing-de-experiencia/ Acessado em 4 de agosto de 2019

Saiba mais

BRIDGER, D. **Neuromarketing**: como a neurociência aliada ao design pode aumentar o engajamento e a influência sobre os consumidores. São Paulo: Autêntica Business, 2018.

MOWAT, J. **Video Marketing**: como usar o domínio do vídeo nos canais digitais para turbinar o marketing de produtos, marcas e negócios. Belo Horizonte: Autêntica Business, 2018.

PULIZZI, J. **Marketing de conteúdo épico**: como contar uma história diferente, destacar-se na multidão e conquistar mais clientes com menos marketing. São Paulo: DVS Editora, 2016.

Central de Atendimento
email: atendimento@editoradobrasil.com.br
Telefonde: 0300 770 1055

Redes Sociais
facebook.com/EditoraDoBrasil
youtube.com/EditoraDoBrasil
instagram.com/editoradobrasil_oficial
twitter.com/editoradobrasil

www.editoradobrasil.com.br